6

Pour qu'un écologiste soit élu président, il faudrait que les arbres votent.

Coluche

(humoriste et acteur français ; 1944-1986)

7

Nous devons un jour parvenir à ce que la protection de la planète devienne naturelle à l'homme.

Jean-Louis Étienne

(médecin et explorateur français ; né en 1946)

8

**Le bout du monde
et le fond du jardin
contiennent la même
quantité de merveilles.**

Christian Bobin

(écrivain français ; né en 1951)

9

J'adore les huîtres : on a l'impression d'embrasser la mer sur la bouche.

Léon-Paul Fargue

(poète français ; 1876-1947)

10

Chacun est responsable de la planète
et doit la protéger à son échelle.

Yann Arthus-Bertrand

(photographe français ; né en 1946)

11

Le poète épouse la nature, et la nature lui offre ses fruits, qu'il met en mots.

Marie Darrieussecq

(écrivain français ; née en 1969)

12

**Dix ans maximum,
c'est le temps qui nous reste
pour un ultime sursaut
avant le point de non-retour.**

Al Gore
(homme politique américain,
ancien vice-président des États-Unis ;
né en 1948)

13

Le vrai jardinier se découvre devant la pensée sauvage.

Jacques Prévert

(poète et scénariste français ; 1900-1977)

14

La rose qui meurt de soif
a besoin du jardinier,
mais le jardinier
a encore plus besoin
de la rose qui meurt
de soif : sans la soif
de sa fleur, il n'existe pas.

Amélie Nothomb

(écrivain belge ; née en 1967)

15

Il s'agit au fond
de réconcilier
l'homme avec
la nature.
De le persuader
de signer un nouveau
pacte avec elle,
car il en sera
le premier bénéficiaire.

Jean Dorst
(ornithologue français ; 1924-2001)

16

L'homme ne croit pas
à l'apocalypse qu'il fabrique.
Et pourtant nous avançons
déjà vers le désastre.

René Dumont
(ingénieur en agronomie
et sociologue français ; 1904-2001)

17

S'il fallait choisir un jour entre la survie de l'humanité et un engagement politique, je serais écologiste avant d'être de gauche... Je ne suis pas catastrophiste, mais je suis saisi par la gravité de la situation. Nous devons agir.

Hubert Védrine

(homme politique français, ministre des affaires étrangères ; né en 1947)

18

La nature n'est ni morale ni immorale, elle est radieusement, glorieusement, amorale.

Théodore Monod

(naturaliste et explorateur français ; 1902-2000)

19

On mesure le diamètre d'un arbre. On ne mesure pas la magie d'une forêt, ni l'effet produit sur l'esprit par une forêt saine et vigoureuse, qui croît de toutes ses forces naturelles.

Rick Bass

(écologiste et écrivain américain ; né en 1958)

20

L'écologie, comme toutes les utopies sociales, est une religion. Une religion sans dieu, mais une religion n'a pas forcément besoin d'un dieu. La foi suffit. Et aussi le dogme.

François Cavanna

(écrivain et dessinateur humoristique français ; né en 1923)

21

**Le fruit est aveugle.
C'est l'arbre qui voit.**

René Char

(poète français ; 1907-1988)

22

Être jardinier, c'est être comme le Bon Dieu, c'est donner vie et beauté avec de la terre, de l'eau et des graines.

Jean Chalon

(écrivain et chroniqueur français ; né en 1935)

23

L'homme est le seul animal qui peut être l'ami de ses victimes jusqu'à ce qu'il les dévore.

Samuel Butler

(romancier et essayiste britannique ; 1835-1902)

24

Les forêts précèdent les peuples, les déserts les suivent.

François René de Chateaubriand
(écrivain français ; 1768-1848)

25

La nature est toujours là, pourtant. Elle oppose ses ciels calmes et ses raisons à la folie des hommes.

Albert Camus

(écrivain français ; 1913-1960)

26

Marcher dans une forêt entre deux haies de fougères transfigurées par l'automne, c'est cela un triomphe. Que sont à côté suffrages et ovations ?

Emil Michel Cioran

(écrivain roumain ; 1911-1995)

27

La nature est ce que nous savons
Sans avoir l'art de l'exprimer.

Emily Dickinson

(poétesse américaine ; 1830-1886)

28

Le monde contient bien assez pour les besoins de chacun, mais pas assez pour la cupidité de tous.

Gandhi

(homme politique et guide spirituel indien ; 1869-1948)

29

Le développement durable est un mode de développement qui répond aux besoins du présent sans compromettre la capacité des générations futures de répondre aux leurs.

Gro Harlem Brundland
(écologiste et femme d'État norvégienne ; née en 1939)

30

Couvert de papillons
L'arbre mort
Est en fleurs.

Kobayashi Issa
(auteur japonais de haïkus ;
1763-1827)

31

Le silence se meurt, le bruit prend partout le pouvoir ; c'est la seule calamité écologique dont personne ne parle.

Alain Finkielkraut

(philosophe français ; né en 1949)

32

NATURE. « Que c'est beau la nature ! » À dire chaque fois qu'on se trouve à la campagne.

Gustave Flaubert

(écrivain français ; 1821-1880)

33

J'entends toujours le bruit
de l'eau vive, même
lorsqu'il n'y en a pas.
Peut-être est-ce
mon propre sang
que j'entends ?

Jim Harrison

(écrivain américain ; né en 1937)

34

La terre est le probable paradis perdu.

Federico García Lorca
(poète et dramaturge espagnol ; 1898-1936)

35

C'est une triste chose de songer que la nature parle et que le genre humain n'écoute pas.

Victor Hugo

(écrivain et poète français ; 1802-1885)

36

L'émerveillement constitue le premier pas vers le respect.

Nicolas Hulot

(écologiste, reporter et auteur français ; né en 1955)

37

**La ville a une figure,
la campagne a une âme.**

Jacques de Lacretelle
(écrivain français ; 1888-1985)

38

Quand l'homme n'aura plus de place pour la nature, peut-être la nature n'aura-t-elle plus de place pour l'homme.

Stefan Edberg

(joueur de tennis suédois ; né en 1966)

39

Il n'y a pas de plus grande émotion que d'entrer dans le désert.

Jean-Marie Gustave Le Clézio
(écrivain français ; né en 1940)

40

Les mers ne sont plus un espace infini, elles ne peuvent plus être l'ultime poubelle.

Corinne Lepage
(avocate et femme politique française ; née en 1951)

41

La nature ne se perd pas. Ce qui se défait d'un côté se refait d'un autre.

Marcel Aymé

(écrivain français ; 1902-1967)

42

Il y aurait beaucoup de tendresse à apprendre des loups et beaucoup de férocité des tourterelles.

Yvan Audouard

(journaliste et romancier français ; 1914-2004)

43

On peut être héros sans ravager la terre.

Nicolas Boileau

(homme de lettres français ; 1636-1711)

44

Pourquoi le spectacle de la mer est-il si infiniment et si éternellement agréable ? Parce que la mer offre à la fois l'idée de l'immensité et du mouvement.

Charles Baudelaire

(poète français ; 1821-1867)

45

Un arbre est une alliance entre le proche et le lointain parfait.

Erri De Luca

(romancier italien ; né en 1950)

46

Les gens protègent et respectent ce qu'ils aiment, et pour leur faire aimer la mer, il faut les émerveiller autant que les informer.

Jacques-Yves Cousteau
(océanographe et scientifique français ; 1910-1997)

47

Il y a dans la forêt des bruits qui ressemblent à des paroles.

Jean Giono

(écrivain français ; 1895-1970)

48

Le développement durable est en soi une contradiction, car on ne peut pas développer sans consommer davantage de biens et d'énergie.

René Dumont

(ingénieur en agronomie et sociologue français ; 1904-2001)

49

La disparition des forêts primaires est aujourd'hui inéluctable.

Francis Hallé

(botaniste et biologiste français ; né en 1938)

50

La civilisation est un produit naturel, tout comme l'état sauvage ; ce sont des fleurs différentes poussées dans la même forêt.

Remy de Gourmont

(écrivain français ; 1858-1915)

51

La nature ne fait rien en vain.

Aristote
(philosophe grec ;
384-322 av. J.-C.)

52

La nature humaine ne fleurira pas, pas plus que la pomme de terre, si on la plante et la replante durant des générations dans le même sol qui s'épuise.

Nathaniel Hawthorne

(écrivain américain ; 1804-1864)

53

L'homme et la nature sont dans une symbiose permanente sans laquelle notre espèce n'existe pas ; alors que la nature survit à l'effacement des civilisations.

Joseph Ki-Zerbo

(écrivain et homme politique burkinabé ; 1922-2006)

54

L'étymologie ne ment pas : l'écologie n'est ni plus ni moins que la science de notre maison à tous.

Nicolas Hulot

(écologiste, reporter et auteur français ; né en 1955)

55

Le monde a commencé sans l'homme et il s'achèvera sans lui.

Claude Lévi-Strauss
(anthropologue et philosophe français ; né en 1908)

56

Savons-nous ce que serait une humanité qui ne connaîtrait pas la fleur ?

Maurice Maeterlinck

(écrivain belge ; 1862-1949)

57

Les écologistes ne s'intéressent pas qu'au cul des oiseaux et à la chlorophylle.

Noël Mamère

(écologiste et homme politique français ; né en 1947)

58

Chaque goutte de sève contient la plénitude de l'arbre entier.

Maharishi Mahesh Yogi

(philosophe indien ; 1917-2008)

59

Vivre c'est bien. Savoir vivre c'est mieux. Survivre c'est sans doute le problème des hommes de demain.

Roger Molinier

(naturaliste et botaniste français ; 1899-1975)

60

L'homme doit seulement découvrir qu'il est solidaire de tout le reste.

Théodore Monod

(naturaliste et explorateur français ; 1902-2000)

61

Nous sommes à la croisée des chemins. Un pas nous mène à un accord fondamental sur le changement climatique ; l'autre au néan

Ban Ki-moon

(diplomate et homme politique sud-coréen, secrétaire général des Nations unies ; né en 1944)

62

On ne peut vaincre la nature qu'en lui obéissant.

Francis Bacon

(philosophe anglais ; 1561-1626)

63

La ville écrase la forêt pour y installer son décor sans songer au bruit que ferait le chant de tous les oiseaux.

Francis Blanche

(acteur et humoriste français ; 1921-1974)

64

La nature est ancienne, mais nous surprend tous.

Björk

(chanteuse islandaise ; née en 1965)

65

Marcher dans la nature, c'est comme se trouver dans une immense bibliothèque où chaque livre ne contiendrait que des phrases essentielles.

Christian Bobin

(écrivain français ; né en 1951)

66

**Parfois un arbre
humanise mieux
un paysage que
ne le ferait un homme.**

Gilbert Cesbron

(écrivain français ; 1913-1979)

67

Les forêts ont été les premiers temps de la Divinité, et les hommes ont pris dans les forêts la première idée de l'architecture. Cet art a dû varier selon les climats.

François René de Chateaubriand

(écrivain français ; 1768-1848)

68

J'aime penser que
la Lune est là même
si je ne la regarde pas.

Albert Einstein

(physicien helvético-américain ; 1879-1955)

69

Si l'on m'apprenait que la fin du monde est pour demain, je planterais quand même un pommier.

Martin Luther King

(pasteur baptiste américain ; 1929-1968)

70

Pour la première fois
dans l'Histoire, l'activité
humaine risque d'altérer
de façon irréversible
les équilibres fondamentaux
nécessaires à la vie de notre planète.

Appel de Vézelay
(mars 1988)

71

Dans les villes et dans les écoles, l'esprit subtil et vain peut rire de l'âme de l'arbre. On n'en rit pas dans le désert, dans les climats cruels du Nord ou du Midi, où l'arbre est un sauveur. On y sent bien le frère de l'homme.

Jules Michelet

(historien et écrivain français ; 1798-1874)

72

Une société s'autoproduit sans cesse parce qu'elle s'autodétruit sans cesse.

Edgar Morin

(sociologue et philosophe français ; né en 1921)

73

Un jour, tôt ou tard, il faudra raisonner en termes d'équilibre et non plus de croissance, de qualité et non plus de quantité, d'être et non plus d'avoir !

Jean-Marie Pelt

(biologiste français ; né en 1933)

74

S'il n'y avait que sept merveilles du « monde » sur la Terre, cela ne vaudrait pas la peine d'y aller voir.

Jacques Prévert

(poète et scénariste français ; 1900-1977)

75

La nature est un temple où de vivants piliers Laissent parfois sortir de confuses paroles.

Charles Baudelaire

(poète français ; 1821-1867)

76

Si le battement d'ailes d'un papillon peut déclencher un ouragan à l'autre bout de la planète, il vaudrait mieux se retenir et ne plus jamais éternuer.

Bernard Arcand

(anthropologue québécois ; né en 1945)

77

Il y a non-assistance à planète en danger.

Jacques Chirac

(homme d'État français ; né en 1932)

78

Dans un grain de sable voir un monde Dans chaque fleur des champs le Paradis.

William Blake

(poète anglais ; 1757-1827)

79

La sagesse de la terre est une complicité totale entre l'homme et son environnement.

Pierre-Jakez Hélias

(écrivain et poète français ; 1914-1995)

80

L'homme est le pire danger pour tout ce qui peuple la planète. Quand il disparaîtra, les autres vivants pourront se réjouir de l'élimination du plus inquiétant des prédateurs.

René Dumont

(ingénieur en agronomie et sociologue français ; 1904-2001)

81

Sauvegarder la biodiversité de la planète, ce n'est pas un coût, ce n'est pas un luxe de pays riche, c'est au contraire une richesse pour l'avenir, le garant d'un futur vivable.

Jean-Claude Lefeuvre

(universitaire, président de l'Institut français de la biodiversité ; né en 1932)

82

Dans la nature, tout a toujours une raison. Si tu comprends cette raison, tu n'as plus besoin d'expérience.

Léonard de Vinci

(peintre et sculpteur italien ; 1452-1519)

83

Il y a des fleurs partout pour qui veut bien les voir.

Henri Matisse

(peintre français ; 1869-1954)

84

L’humain traite la nature en esclave irrévocablement soumise. Il décide et agit comme si elle lui appartenait, comme si elle était sa chose, comme s’il pouvait en disposer à sa guise.

Federico Mayor Zaragoza
(scientifique et diplomate espagnol, ex-directeur de l’Unesco ; né en 1934)

85

Le melon a été divisé
en tranches par la nature
afin d'être mangé en famille.
La citrouille étant plus grosse
peut être mangée avec les voisins.

Bernardin de Saint-Pierre
(écrivain français ; 1737-1814)

86

L'emprise de l'homme sur la nature est devenue telle qu'elle comporte le risque de destruction de la nature elle-même.

Georges Pompidou
(homme d'État français ; 1911-1974)

87

Quand un arbre tombe, on l'entend ; quand la forêt pousse, pas un bruit.

Proverbe africain

88

En 2035, il y a des palmiers à New York, la Hollande est sous les eaux, le Bangladesh a cessé d'exister ; il y a des déserts brûlants en Europe centrale… Ce n'est pas de la science-fiction : c'est basé sur les projections actuelles.

Jeremy Rifkin

(écologiste et essayiste américain ; né en 1943)

89

Le changement climatique est la plus grande faillite de l'économie de marché que le monde ait jamais connue.

Nicholas Stern

(économiste britannique ; né en 1946)

90

Il ne tombe pas une feuille sans que sa chute n'affecte le monde.

Francis Thomson

(poète britannique ; 1859-1907)

91

L'homme ne doit pas boire
l'eau vive des torrents bondissants
s'il n'est pas prêt à ce que la nature
tout entière renaisse en lui.

Henry David Thoreau
(philosophe et poète américain ; 1817-1862)

92

La taille ne fait pas tout. La baleine est en voie d'extinction alors que la fourmi se porte bien.

Bill Vaughan

(chroniqueur et écrivain américain ; 1915-1977)

93

Le dernier siècle de notre existence a laissé derrière lui plus d'ordures que nous n'en avions produites en plusieurs millions d'années.

Ronald Wright

(écrivain canadien ; né en 1948)

94

Si nous voulons sauvegarder la nature, commençons par protéger les êtres humains : ils font partie de la biodiversité. Si nous ne pouvons pas préserver notre propre espèce, à quoi rime de sauver les espèces d'arbres ?

Wangari Maathai

(écologiste kenyane, prix Nobel de la paix en 2004 ; née en 1940)

95

L'homme est peut-être le premier objet naturel où la nature essaie de se contredire.

Gaston Bachelard

(philosophe français ; 1884-1962)

96

Nous pouvons consommer moins et vivre mieux, être raisonnables et heureux. Nous pouvons choisir de bâtir un nouveau projet de société qui nous rassemble… Nous sommes au pied du mur. Il est trop tard pour être pessimiste.

Yann Arthus-Bertrand

(photographe français ; né en 1946)

97

Quand on observe
la nature,
on y découvre
les plaisanteries
d'une ironie supérieure :
elle a, par exemple,
placé les crapauds
près des fleurs...

Honoré de Balzac
(écrivain français ; 1799-1850)

98

Le plus grand ouvrier de la nature est le temps.

Georges Louis Leclerc,
comte de Buffon
(naturaliste français ; 1707-1788)

99

La politique de l'autruche est respectable : tout dépend de ce qu'il y a dans le sable.

Didier van Cauwelaert

(écrivain français ; né en 1960)

100

**Au plus fort de l'orage,
il y a toujours un oiseau pour
nous rassurer. C'est l'oiseau
inconnu. Il chante avant
de s'envoler.**

René Char

(poète français ; 1907-1988)

101

Un jardinier qui sabote une pelouse est un assassin en herbe.

Raymond Devos

(artiste et humoriste français : 1922-2006)

102

La survie de la planète et le bien-être de ceux qui la peuplent, hommes et bêtes, passent par des actions courageuses qui ne viendront pas d'en haut, comme on le croit généralement.

Philippe Desbrosses

(docteur en sciences de l'environnement et agriculteur ; né en 1942)

103

Les scientifiques comme les poètes montrent que les trajectoires de la nature et de l'humanité sont indissociables, que notre communauté d'origine est à l'identique de notre communauté de destin.

Nicolas Hulot

(écologiste, reporter et auteur français ; né en 1955)

104

L'homme se définit non par ce qu'il crée, mais par ce qu'il choisit de ne pas détruire.

Edward Osborne Wilson

(entomologiste et biologiste américain ; né en 1929)

105

Lorsqu'on jette un regard sur la création, une sorte de musique mystérieuse apparaît sous cette géométrie splendide ; la nature est une symphonie ; tout y est cadence et mesure ; et l'on pourrait presque dire que Dieu a fait le monde en vers.

Victor Hugo

(écrivain et poète français ; 1802-1885)

106

Nous sommes les locataires provisoires d'une planète magnifique mais fragile.

Albert Jacquard

(généticien et essayiste français ; né en 1925)

107

La botanique c'est l'art de sécher les plantes entre des feuilles de papier et de les injurier en grec et en latin.

Alphonse Karr

(écrivain et journaliste français ; 1808-1890)

108

Il n'est pas pour moi d'occupation plus délicieuse que la culture de la terre... et pas de culture comparable à celle du jardin... Mais, bien que je sois un vieil homme, je ne suis qu'un jeune jardinier.

Thomas Jefferson

(homme d'État américain, ex-Président des États-Unis ; 1743-1826)

109

Pour peu que nous acceptions de ne pas congédier notre instinct, nous sentons bien que, peu à peu, la nature agonise.

Federico Mayor Zaragoza

(scientifique et diplomate espagnol, ex-directeur de l'Unesco ; né en 1934)

110

Chaque pomme est une fleur qui a connu l'amour.

Félix Leclerc

(auteur-compositeur-interprète québécois ; 1914-1988)

111

Il s'agit aujourd'hui
de contrôler le développemen
incontrôlé de notre ère
planétaire. La Terre-patrie
est en danger. Nous sommes
en danger et l'ennemi
n'est autre que nous.

Edgar Morin

(sociologue et philosophe français ; né en 19

112

Les poètes anciens chantaient
les senteurs de la terre et des grillons.
Maintenant nous contournons
les champs, et fuyons la zone
chimique des fermes.

Czeslaw Milosz

(poète polonais ; 1911-2004)

113

La nature n'avait besoin de personne, elle existait si bien sans l'homme.

Minou Petrowski

(journaliste canadienne ; née en 1930)

114

Pendant que nous parlons,
les voitures à Boston et
les usines à Pékin continuent
de faire fondre l'Arctique,
d'entamer les côtes de l'Atlantique
et de provoquer la sécheresse
du Kansas au Kenya.

Barack Obama

(Président des États-Unis ; né en 1961)

115

J'ai fondé la Société protectrice des végétaux. Nous sommes en train de poser des matelas sous les arbres pour amortir la chute des feuilles.

Alphonse Allais

(écrivain français ; 1854-1905)

116

Il faut… être poli avec la Terre et avec le Soleil.

Jacques Prévert

(poète et scénariste français ; 1900-1977)

117

Les terres où nous vivons sont comme les personnes, identifiables à des riens, à telle couleur d'un ciel, tel accident d'un sol.

Christian Bobin

(écrivain français ; né en 1951)

118

**La mer est sans routes,
la mer est sans explications.**

Alessandro Baricco

(écrivain italien ; né en 1958)

119

Même dans une poubelle, une rose reste une rose.

Jean Chalon

(écrivain et chroniqueur français ; né en 1935)

120

Ce qui constitue l'ossature de l'existence, ce n'est ni la famille, ni la carrière, ni ce que d'autres diront ou penseront de vous, mais quelques instants de cette nature, soulevés par une lévitation plus sereine encore que celle de l'amour, et que la vie nous distribue avec parcimonie à la mesure de notre faible cœur.

Nicolas Bouvier

(écrivain et photographe suisse ; 1929-1998)

121

Notre maison brûle et nous regardons ailleurs. La nature, mutilée, surexploitée, ne parvient plus à se reconstituer et nous refusons de l'admettre. L'humanité souffre et nous sommes indifférents. La Terre et l'humanité sont en péril et nous en sommes tous responsables.

Jacques Chirac

(homme d'État français ; né en 1932)

122

J'ai connu un temps
où la principale pollution
venait de ce que les gens
secouaient leur tapis
par la fenêtre.

Gilbert Cesbron

(écrivain français ; 1913-1979)

123

Une mauvaise herbe est une plante dont on n'a pas encore trouvé les vertus.

Ralph Waldo Emerson

(philosophe américain ; 1803-1882)

124

Ces déserts polaires m'apportent un contrepoids d'ivresse, de calme et d'émotions, face à la frénésie et aux soucis du monde. [...] Ce sont des lieux magiques où l'absence de référence à la civilisation impose la rencontre avec soi.

Jean-Louis Étienne

(médecin et explorateur français ; né en 1946)

125

**De mémoire de rose,
on n'a jamais vu mourir un jardinier.**

Fontenelle

(écrivain français ; 1657-1757)

126

La richesse de la terre engendre la pauvreté de l'homme.

Eduardo Galeano

(écrivain et journaliste uruguayen ; né en 1940)

127

N'oubliez pas que la terre se réjouit de sentir vos pieds nus et que les vents joueraient volontiers avec vos cheveux.

Khalil Gibran

(poète libanais ; 1883-1931)

128

Si les pétroliers transportaient de l'eau de mer, on s'en foutrait qu'ils fassent naufrage.

Philippe Geluck

(artiste belge ; né en 1954)

129

Nous vivons en plein milieu de la nature et lui sommes étrangers. Elle ne cesse de nous parler, et ne nous trahit pas son secret. Nous agissons constamment sur elle, et n'avons pourtant aucun pouvoir sur elle.

Johann Wolfgang von Goethe
(poète et romancier allemand ; 1749-1832)

130

Tant de monde pour transformer ce monde, et si peu de regards pour le contempler.

Julien Gracq

(écrivain français ; 1910-2007)

131

**Homme libre,
toujours tu chériras la mer.**

Charles Baudelaire

(poète français ; 1821-1867)

132

Le monde sauvage étant si beau, comment ne luttons-nous pas bec et ongles pour sauver ce qu'il en reste ?

Rick Bass

(écologiste et écrivain américain ; né en 1958)

133

Pour faire un jardin, il faut un morceau de terre et l'éternité.

Gilles Clément

(paysagiste français ; né en 1943)

134

L'homme anéantit plus d'individus vivants que tous les carnassiers n'en dévorent.

Georges Louis Leclerc, comte de Buffon
(naturaliste français ; 1707-1788)

135

Le bonheur pour une abeille ou un dauphin est d'exister. Pour l'homme, c'est de le savoir et de s'en émerveiller.

Jacques-Yves Cousteau

(océanographe et scientifique français ; 1910-199

136

Au sein de cet environnement stable et turbulent, un seul élément reste constant : le changement.

Tenzin Gyatso
(chef bouddhiste tibétain,
14e dalaï-lama ; né en 1935)

137

Une nouvelle manière de penser est nécessaire si l'humanité veut survivre.

Albert Einstein

(physicien helvético-américain ; 1879-1955)

138

Le réchauffement planétaire est réel. L'homme en est le principal responsable. Nous vivons une constante détérioration des conditions climatiques. Nous devons agir sans délai. Il n'est pas trop tard.

Al Gore

(homme politique américain,
ancien vice-président des États-Unis ; né en 1948)

139

Écouter la forêt qui pousse plutôt que l'arbre qui tombe.

Friedrich Hegel

(philosophe allemand ; 1770-1831)

140

Le réchauffement climatique peut vouloir dire plus froid, plus sec, plus humide, c'est ce à quoi nous avons à faire face.

Steven Guilbeault

(directeur de Greenpeace Québec de 1997 à 2007 ; né en 1970)

141

Vagabonder à la surface des océans est souvent source de sérénité et, parfois, permet de tutoyer ses rêves. S'y immerger, c'est s'ouvrir à son observation et à sa compréhension.

Nicolas Hulot

(écologiste, reporter et auteur français ; né en 1955)

142

Entre un savant et un poète, il y a la même différence qu'entre un jardin botanique et une forêt.

Victor Hugo
(écrivain et poète français ; 1802-1885)

143

Les économies d'énergie passent par une conception réfléchie du bâtiment en fonction du site et du climat.

Dominique Leppert

(architecte, ingénieur du développement durable ; né en 1961)

144

Nous pouvons juger le cœur d'un homme par son comportement envers les animaux.

Emmanuel Kant

(philosophe allemand ; 1724-1804)

145

Le monde pourrait vivre sans tuer ni animal ni végétal.

Théodore Monod

(naturaliste et explorateur français ; 1902-2000)

146

Un arbre a besoin de deux choses : de substance sous terre et de beauté extérieure. Ce sont des créatures concrètes mais poussées par une force d'élégance.

Erri De Luca

(écrivain italien ; né en 1950)

147

La Terre s'est imposé l'homme pour châtiment.

Pablo Neruda

(poète chilien ; 1904-1973)

148

Les forêts ont une fonction sacrée.

Louis Nucera

(romancier français ; 1928-2000)

149

L'homme qu'on transplante vit,
l'arbre qu'on transplante meurt.

Proverbe chinois

150

Rien n'est plus patient que la nature.

Dan O'Brien

(écrivain américain ; né en 1947)

151

Seul l'arbre qui a subi les assauts du vent est vraiment vigoureux, car c'est dans cette lutte que ses racines, mises à l'épreuve, se fortifient.

Sénèque

(philosophe latin ; 4 av. J.-C. – 65 ap. J.-C.)

152

Il y a plus de plaisir à faire un jardin qu'à contempler le paradis.

Anne Scott-James

(journaliste britannique ; née en 1913)

153

On la tolère encore un peu, la forêt, pour la hacher en pâte à papier ou la laminer en simili-massif. Le jour où la civilisation n'aura plus besoin de papier ni de maquiller le plastique en faux bois, adieu le dernier arbre !

François Cavanna

(dessinateur humoristique

et écrivain français ; né en 1923)

154

Une fleur est écrite au bout de chaque doigt et le bout du chemin est une fleur qui marche avec toi.

Tristan Tzara

(écrivain français ; 1896-1963)

155

Partout où les arbres ont disparu, l'homme a été puni de son imprévoyance.

François René de Chateaubriand
(écrivain français ; 1768-1848)

156

Sache que la fleur
la plus belle est aussi
la plus tôt fanée.
Sur son parfum
penche-toi vite.
L'immortelle n'a
pas d'odeur.

André Gide

(écrivain français ; 1869-1951)

157

**Je ne puis regarder
une feuille d'arbre
sans être écrasé par l'Univers.**

Victor Hugo

(écrivain et poète français ; 1802-1885)

158

Jamais, dans toute l'histoire de l'humanité, nous n'avons eu à faire face à quoi que ce soit qui puisse ressembler, même de loin, à ce qui nous attend si nous persistons à détruire notre environnement.

Al Gore

(homme politique américain, ancien vice-président des États-Unis ; né en 1948)

159

La mer n'est plus de taille à se défendre, nous l'asphyxions, comblons ses littoraux de béton, la vidons de ses ressources sans lui laisser le temps de se régénérer.

Maud Fontenoy

(navigatrice française ; née en 1977)

160

Le sort de l'homme ne peut en aucun cas être distinct du sort des êtres vivants.

Nicolas Hulot

(écologiste, reporter et auteur français ; né en 1955)

161

L'un des pires démons de la civilisation technologique est la soif de croissance.

René Dubos

(agronome et biologiste français ; 1901-1982)

162

Courir au-delà des mers, c'est changer de climat, mais non changer de cœur.

Horace

(poète latin ; 65-8 av. J.-C.)

163

C'est la nature qui guérit les malades.

Hippocrate

(médecin grec ; 460-370 av. J.-C.)

164

Le grand symbole de l'architecture, Babel, est une ruche.

Victor Hugo

(écrivain et poète français : 1802-1885)

165

**Sous les fleurs de cerisier
Grouille et fourmille
L'humanité.**

Kobayashi Issa

(auteur japonais de haïkus ; 1763-1827)

166

Les matériaux de l'urbanisme sont le soleil, les arbres, le ciel, l'acier, le ciment, dans cet ordre hiérarchique et indissolublement.

Le Corbusier

(architecte français ; 1887-1965)

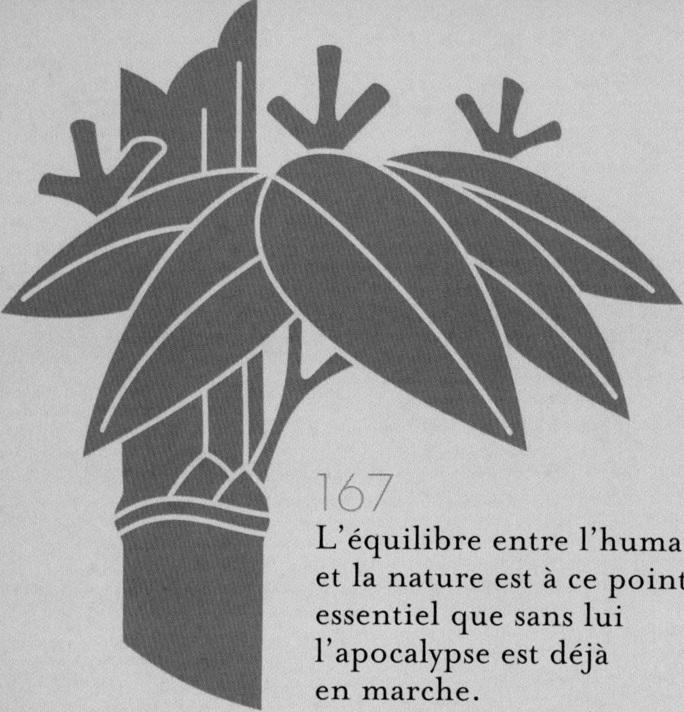

167

L'équilibre entre l'humain et la nature est à ce point essentiel que sans lui l'apocalypse est déjà en marche.

Federico Mayor Zaragoza
(scientifique et diplomate espagnol, ex-directeur de l'Unesco ; né en 1934)

168

L'expérimentation des technologies nouvelles devra permettre de les industrialiser, ce qui démocratisera, à terme, l'habitat écologique.

Dominique Leppert

(architecte, ingénieur du développement durable ; né en 1961)

169

Notre défi aujourd'hui, c'est celui de civiliser la Terre.

Edgar Morin

(sociologue et philosophe français ; né en 1921)

170

La vérité est comme le soleil. Elle fait tout voir et ne se laisse pas regarder.

Victor Hugo

(écrivain et poète français ; 1802-1885)

171

Le spectacle de la nature est toujours beau.

Aristote

(philosophe grec ; 384-322 av. J.-C.)

172

La rose naît du mal qu'a le rosier
Mais elle est la rose

Louis Aragon

(poète et écrivain français ; 1897-1982)

173

La Terre est un objet vivant parcouru de nomades de plus en plus nombreux.

Jacques Attali

(économiste et écrivain français ; né en 1943)

174

Tu trouveras bien plus dans les forêts que dans les livres.

Bernard de Clairvaux
(religieux et théologien français ; 1090-1153)

175

Si éclairants que soient
les grands textes,
ils donnent moins
de lumière que les premiers
flocons de neige.

Christian Bobin

(écrivain français ; né en 1951)

176

Océan : masse d'eau occupant à peu près les deux tiers d'un monde destiné à l'homme, lequel est dépourvu de branchies.

Ambrose Bierce

(écrivain et journaliste américain ; 1842-1914)

177

Terre, qui vint à nous
Les yeux fermés
Comme pour demander
Qu'une main la guide.

Yves Bonnefoy

(poète et essayiste français ; né en 1923)

178

Trop tard ? L'avenir sera ce que vous en ferez.

Philippe Delerm

(écrivain français ; né en 1950)

179

La relation existant entre l’humanité et la nature doit être faite de respect et d’amour, non de domination.

René Dubos

(agronome et biologiste français ; 1901-1982)

180

Le génie n'est que le chant du rouge-gorge à l'aube d'un printemps indolent.

Khalil Gibran

(poète libanais : 1883-1931)

181

Le magnolia n'a d'autre rival que le palmier, qui balance auprès de lui ses éventails de verdure.

François René de Chateaubriand
(écrivain français ; 1768-1848)

182

Regarder la rivière qui est
de temps et d'eau et se souvenir
que le temps est une autre rivière,
savoir que nous nous perdons
comme la rivière et que les visages
passent comme l'eau.

Jorge Luis Borges

(écrivain et poète argentin ; 1899-1986)

183

Le problème n'est pas de savoir si l'homme modifiera ou non les systèmes « natures », mais bien plutôt comment il le fera.

René Dubos

(agronome et biologiste français ; 1901-1982)

184

Ils [les Blancs]
revendiquent
notre mère à tous,
la Terre, pour
leur propre usage
et se barricadent
contre leurs voisins ;
ils la défigurent
avec leurs constructions
et leurs ordures.
Cette nation est pareille
à un torrent de neige
fondue qui sort
de son lit et détruit
tout sur son passage.

Sitting Bull
(chef de tribu et homme-médecine
des Sioux ; 1831-1890)

185

**Il est doux de songer
que je servirai un jour
à faire croître les tulipes.**

Gustave Flaubert

(écrivain français ; 1821-1880)

186

L'influence morale de la nature sur chaque individu est la quantité de vérité qu'elle lui enseigne. Qui mesurera combien de fermeté le roc battu des vagues a appris au pêcheur ?

Ralph Waldo Emerson
(philosophe américain ; 1803-1882)

187

Les jours sont
des fruits et
notre rôle est
de les manger.

Jean Giono

(écrivain français ; 1895-1970)

188

Chaque minute en Amazonie, on déboise l'équivalent de 60 terrains de football. C'est un peu idiot, il n'y aura jamais assez de joueurs.

Philippe Geluck

(artiste belge ; né en 1954)

189

Dans le langage des jardiniers, les plantes crèvent, mais les roses meurent.

Julien Green

(écrivain franco-américain ; 1900-1998)

190

Le symbolisme et la valeur profonde de l'action de planter un arbre ont une signification universelle dans toutes les cultures et sociétés de la Terre. C'est aussi un moyen pour tout homme, femme et enfant de participer à un niveau individuel à la résolution de la crise environnementale.

Al Gore

(homme politique américain, ancien vice-président des États-Unis ; né en 1948)

191

Nul n'a reçu de la nature le droit de la détruire.

Nicolas Hulot

(écologiste, reporter et auteur français ; né en 1955)

192

La Terre est au Soleil ce que l'homme est à l'ange.

Victor Hugo

(écrivain et poète français ; 1802-1885)

193

Si vous planifiez pour un an, plantez une graine. Pour dix ans, plantez un arbre. Pour cent ans, éduquez le peuple.

Kuang Chung Tzu

(philosophe taoïste chinois ; v. 645 av. J.-C.)

194

Un humanisme bien ordonné ne commence pas par soi-même, mais place le monde avant la vie, la vie avant l'homme, le respect des autres êtres avant l'amour-propre.

Claude Lévi-Strauss

(anthropologue et philosophe français ; né en 1908)

195

Grands bois, vous m'effrayez comme des cathédrales.

Charles Baudelaire

(poète français ; 1821-1867)

196

Le jour n'est, hélas ! pas venu où l'extinction d'une espèce vivante sera tenue pour un délit aussi grave que la destruction d'un chef-d'œuvre artistique. Le fait est d'ailleurs plus grave encore, évidemment, puisqu'on peut reconstruire un monument ou même refaire un tableau, mais qui rappellera à la vie le grand pingouin, le pigeon migrateur, le dodo ou le zèbre quagga ?

Théodore Monod

(naturaliste et explorateur français ; 1902-2000)

197

Les rythmes sanguins de la Terre qui persistent dans nos veines affirment, face aux forces instables qui opèrent à notre détriment, qu'il nous faut nous reconnecter à des rythmes stables et naturels.
Nous pouvons trouver ces rythmes en nous-mêmes.

Rick Bass

(écrivain américain ; né en 1958)

198

Chantons et dansons sous la pluie. Tant qu'elle n'est pas radioactive…

Guy Bedos

(humoriste et comédien français ; né en 1934)

199

La joie de contempler et de comprendre, voilà le langage que me porte la nature.

Albert Einstein

(physicien helvético-américain ; 1879-1955)

200

Tout ce qui est selon la nature est digne d'estime.

Cicéron

(homme d'État et auteur latin ; 106-43 av. J.-C.)

201

L'eau, dès qu'il y en a d'étendue sur plusieurs kilomètres carrés, attire irrésistiblement la médiocrité sur ses bords.

Jean Giono

(écrivain français ; 1895-1970)

202

Le désert en impose à l'imaginaire. C'est un environnement sensoriel très pauvre. Pas de bruit, pas d'odeur. Juste du vent. Pas de trace du monde, pas de trace d'humanité.

Jean-Louis Étienne

(médecin et explorateur français ; né en 1946)

203

Il a fallu 4,5 milliards d'années pour créer notre écosystème et, en 150 ans, l'homme se met en situation de compromettre la moitié du vivant.

Nicolas Hulot

(écologiste, reporter et auteur français ; né en 1955)

204

Le minimum requis pour sauver la planète est bien supérieur au maximum possible pour gagner les prochaines élections.

Al Gore
(homme politique américain,
ancien vice-président
des États-Unis ; né en 1948)

205

Construire, c'est collaborer avec la terre ; c'est mettre une marque humaine sur un paysage qui en sera modifié à jamais.

Marguerite Yourcenar

(femme de lettres française et américaine ; 1903-1987)

206

Ne comprends-tu donc pas que le moindre oiseau qui fend l'air est un immense monde de délices fermé à tes cinq sens ?

William Blake

(poète britannique ; 1757-1827)

207

Sachez qu'il en est d'une terre comme d'une personne : quoi qu'elle puisse gagner, si elle est dépensière, il ne restera pas grand-chose.

Caton l'Ancien
(homme d'État romain ;
234-149 av. J.-C.)

208

Quand le dernier arbre sera abattu, la dernière rivière empoisonnée, le dernier poisson pêché, alors vous découvrirez que l'argent ne se mange pas.

Proverbe des Indiens Cree du Canada

209

La différence
entre un jardin
et un désert,
ce n'est pas l'eau,
c'est l'homme.

Proverbe touareg

210

Chaque jour la Terre elle-même nous appelle à son secours.

René Dubos

(agronome et biologiste français ; 1901-1982)

211

La mer est un espace de rigueur et de liberté.

Victor Hugo (écrivain et poète français ; 1802-1885)

212

Les types qui déboisent la forêt amazonienne acceptent de faire un geste pour l'environnement. Désormais, ils mettront de l'essence sans plomb dans leurs tronçonneuses.

Philippe Geluck

(artiste belge ; né en 1954)

213

Seul parmi les animaux, l'homme a façonné son propre environnement. Paradoxalement, il a également été le seul à créer ainsi les facteurs de sa propre destruction.

Ernesto Sábato

(écrivain argentin ; né en 1911)

214

La mer enseigne aux marins des rêves que les ports assassinent.

Bernard Giraudeau

(acteur et écrivain français ; né en 1947)

215

La société dans laquelle on est ressemble à une espèce d'avion de ligne où tous les voyants seraient au rouge dans le cockpit tandis qu'à l'arrière on continue soit à boire le champagne, soit éventuellement à se quereller.

Nicolas Hulot

(écologiste, reporter et auteur français ; né en 1955)

216

Dans tout ce que la nature opère, elle ne fait rien brusquement.

Jean-Baptiste de Lamarck

(naturaliste français ; 1744-1829)

217

Nous devons nous débarrasser de cette superstition bizarre qui nous fait croire que l'espèce humaine a le droit particulier d'exploiter perpétuellement la planète à la seule fin de satisfaire ses besoins égoïstes.

Karan Singh

(maharajah du Cachemire, philosophe indien ; né en 1931)

218

Mais la nature est là qui t'invite et qui t'aime ;
Plonge-toi dans son sein qu'elle t'ouvre toujours.

Alphonse de Lamartine

(poète français ; 1790-1869)

219

La Terre renferme de quoi donner aux hommes les brillantes moissons et les fruits de l'année [...]. Aussi la nomme-t-on la Mère universelle, celle des dieux, de l'homme et des bêtes sauvages.

Lucrèce

(poète latin ; 98-55 av. J.-C.)

220

Ce qui compte dans la sauvegarde des condors et de leurs congénères, ce n'est pas tant que nous avons besoin des condors, mais que nous avons besoin des qualités humaines nécessaires pour les sauver, celles-là même qu'il nous faut pour nous sauver nous-mêmes.

Ian Mac Milan

(économiste américain ; né en 1940)

221

Nous sommes responsables de l'Univers.

René Magritte

(peintre belge ; 1898-1967)

222

La nature nous a créés avec la faculté de tout désirer et l'impuissance de tout obtenir.

Nicolas Machiavel

(philosophe italien : 1469-1527)

223

Le changement climatique est trop important pour être laissé aux scientifiques.

Mike Hume

(économiste britannique ; né en 1960)

224

La caresse de l'eau sur le sable
des rives ou sur le granit
des roches m'émeut et
m'attendrit, et la joie
qui m'envahit quand
je me sens poussé
par le vent et porté
par la vague naît
de ce que je me livre
aux forces brutales
et naturelles du monde,
de ce que je retourne
à la vie primitive.

Guy de Maupassant
(écrivain français ;
1850-1893)

225

Nul n'est besoin de faire
de la Terre un paradis :
elle en est un. À nous de
nous adapter pour l'habiter.

Henry Miller

(écrivain américain ; 1891-1980)

226

Ce qui m'inquiète, c'est la pensée
que l'homme est capable de s'habituer
aux pires conditions de vie. Il pourra
trouver parfaitement normal d'ici un siècle
de vivre prostré dans quelques bunkers,
avec des masques, de l'air artificiel... Il ne saura
même plus alors que l'on vivait autrement...
Que restera-t-il alors de l'homme ?

Paul-Émile Victor

(explorateur et ethnologue français ; 1907-1995)

227

On a trouvé, en bonne politique, le secret de faire mourir de faim ceux qui, en cultivant la terre, font vivre les autres.

Voltaire

(homme de lettres français ; 1694-1778)

228

L'animal fait un avec la nature, l'homme fait deux. Des animaux dé-naturés, voilà ce que nous sommes.

Vercors

(écrivain français ; 1902-1991)

229

Aussi longtemps qu'il existe un endroit où il y a de l'air, du soleil et de l'herbe, on doit avoir regret de ne point y être.

Boris Vian

(écrivain français ; 1920-1959)

230

Il n'y a point de contradictions dans la nature.

Vauvenargues

(moraliste français ; 1715-1747)

231

Le poisson ne voit pas l'hameçon, il ne voit que l'appât. L'homme ne voit pas le péril, il ne voit que le profit.

Proverbe mandchou

232

À mon avis, les changements climatiques constituent la plus grande menace à laquelle nous sommes confrontés aujourd'hui, plus critique même que la menace du terrorisme.

Sir David King

(écologiste et homme politique britannique ; né en 1939)

233

Notre monde est emprisonné dans une habitude dangereuse de dépendance au CO_2.

Ban Ki-moon

(diplomate et homme politique sud-coréen ; né en 1944)

234

J'aime appuyer ma main sur le tronc
d'un arbre devant lequel je passe,
non pour m'assurer de l'existence de l'arbre
– dont je ne doute pas – mais de la mienne.

Christian Bobin

(écrivain français ; né en 1951)

235

La question du déboisement est une question de vie ou de mort, car c'est à elle que se rattache celle de la présence ou de l'absenc de l'eau, sans laquelle il n'y a pas de végétation possible.

Élie-Abel Carrière

(agronome français ; 1818-1896)

236

Écouter comme un arbre vaut mieux que tout.

Jean Chalon

(écrivain et chroniqueur français ; né en 1935)

237

Mieux vaut prendre le changement par la main avant qu'il ne nous prenne par la gorge.

Winston Churchill

(homme d'État et historien britannique : 1874-1965)

238

La nature sauvage ne doit pas uniquement être préservée parce qu'elle est la meilleure sauvegarde de l'humanité, mais parce qu'elle est belle.

Jean Dorst

(ornithologue et écrivain français ; 1924-2001)

239

Une perspective écologique implique d'adopter une vision globale et ne peut envisager la planète comme un objet séparé de la civilisation humaine ; nous appartenons nous aussi à l'ensemble. L'observer, c'est aussi nous observer nous-mêmes.

Al Gore

(homme politique américain, ancien vice-président des États-Unis ; né en 1948)

240

Le droit de tuer un cerf ou une vache, c'est la seule chose sur laquelle l'humanité tout entière soit fraternellement d'accord, même pendant les guerres les plus sanglantes.

Milan Kundera

(écrivain tchèque naturalisé français ; né en 1929)

241

Le plus grand arbre est né d'une graine menue ; une tour de neuf étages est partie d'une poignée de terre.

Lao Tseu

(philosophe chinois ; v. 570-490 av. J.-C)

242

Le secret de l'industrie moderne, c'est l'utilisation intelligente des résidus.

Roy Lewis

(sociologue et romancier britannique ; 1913-1996)

243

Va toujours par le chemin le plus court, et le plus court est le chemin tracé par la nature.

Marc Aurèle

(empereur et philosophe romain ; 121-180)

244

Si les pissenlits étaient difficiles à cultiver, ils seraient les bienvenus sur toutes les pelouses.

Andrew V. Mason

(écrivain américain ; né en 1930)

245

Les animaux ne manquent jamais de naturel, sauf à l'état domestique.

Malcolm de Chazal

(écrivain mauricien ; 1902-1981)

246

Il y a un certain respect qui nous attache,
et un général devoir d'humanité,
non aux bêtes seulement qui ont vie
et sentiment, mais aux arbres
et aux plantes.

Montaigne
(philosophe français : 1533-1592)

247

La nature est sans préférences,
et l'homme, malgré tout son génie,
ne vaut pas plus pour elle que n'importe
laquelle des millions d'autres espèces
que produisit la vie terrestre.

Jean Rostand

(biologiste et historien des sciences français ; 1894-1977)

248

Un autre monde est en marche.
Beaucoup d'entre nous
ne seront plus là pour assister
à son avènement. Mais quand
tout est calme, si je prête
une oreille attentive,
je l'entends déjà respirer.

Arundhati Roy
(écrivain indien ; née en 1961)

249

La nature est une œuvre d'art, mais Dieu est le seul artiste qui existe, et l'homme n'est qu'un arrangeur de mauvais goût.

George Sand

(femme de lettres française ; 1804-1876)

250

L'arbre devient solide sous le vent.

Sénèque
(philosophe latin ;
4 av. J.-C. – 65 ap. J.-C.)

251

Celui qui cueille une fleur dérange une étoile.

Francis Thomson
(poète britannique ; 1859-1907)

252

Riz : trois lettres, comme dans le mot blé, mais entre ces deux nourritures fondamentales, il y a la distance de deux groupes de civilisations.

Michel Tournier

(écrivain français ; né en 1924)

253

L'homme se développe actuellement comme un ver de terre : un tuyau qui avale de la terre et qui laisse derrière lui des petits tas. Si un jour la terre disparaît parce qu'il aura tout mangé, il ne faudra pas s'en étonner.

Andreï Tarkovski

(réalisateur russe ; 1932-1986)

254

Si vous avez souffert, c'est juste que vous avez oublié que vous êtes une fleur, une feuille.

Thich Nhat Hanh

(moine bouddhiste vietnamien ; né en 1926)

255

La mer est un élément capital pour la connaissance des peuples. La mer modèle les mœurs comme elle fait les rivages.

André Suarès

(poète et écrivain français ; 1868-1948)

256

Aussi laid que ce soit, un paysage, les hommes arrivent toujours à l'enlaidir encore.

Jacques Sternberg

(journaliste et réalisateur belge ; né en 1923)

257

Dès lors qu'on pollue quelque chose, on n'a pas une perception esthétique de cette chose. Il est bien clair que le commandant de bateau qui dégaze en pleine mer n'a jamais vu la mer. S'il l'avait vue, il n'aurait pas pollué, il n'aurait pas dégazé.

Michel Serres

(philosophe et académicien français ; né en 1930)

258

Les animaux sont mes amis et je ne mange pas mes amis.

George Bernard Shaw

(auteur dramatique irlandais ; 1856-1950)

259

Vous arrivez devant la nature avec des théories, la nature flanque tout par terre.

Auguste Renoir

(peintre français ; 1841-1919)

260

La tête réclamera-t-elle des fleurs,
lorsque le ventre réclame du riz ?

Proverbe hindou

261

Pour obtenir les meilleurs résultats, vous devez parler à vos plantes.

Charles, prince de Galles
(né en 1948)

262

La Terre aime le Soleil
Et elle tourne
Pour se faire admirer ;
Et le Soleil la trouve belle
Et il brille pour elle ;
Et quand il est fatigué
Il va se coucher
Et la Lune se lève.

Jacques Prévert

(poète et scénariste français ; 1900-1977)

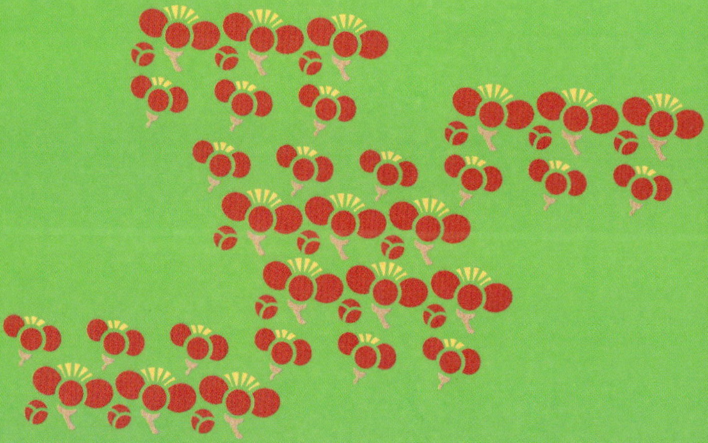

263

Contrairement à la croyance reçue, il y a moins de désordre dans la nature que dans l'humanité.

Edgar Morin

(sociologue et philosophe français ; né en 1921)

264

Je ne suis pas un écologiste qui dit qu'une souris a autant de responsabilité que moi. Je suis un écologiste qui dit que j'ai plus de conscience que la souris, et que je suis donc responsable aussi de la souris.

Jean-Marie Pelt

(biologiste français ; né en 1933)

265

Le jour approche où l'emballement climatique échappera à tout contrôle : nous sommes au seuil de l'irréversible.

Jacques Chirac
(homme d'État français ;
né en 1932)

266

Pour bâtir, il faut réfléchir longtemps ; pour planter, il ne faut pas réfléchir mais il faut agir.

Caton l'Ancien
(homme d'État romain ;
234-149 av. J.-C.)

267

À présent, il est temps pour nous d'être à la hauteur de notre nouveau plus grand défi : la bataille pour la première grande guerre d'indépendance, celle pour la sécurité climatique.

Margaret Beckett

(femme politique britannique ; née en 1943)

268

L'usage gratuit et illimité de l'atmosphère comme réceptacle fait que ces polluants [les gaz à effet de serre] s'y accumulent, tant et si bien que l'équilibre du système terre-atmosphère est en train de se rompre.

Christian de Perthuis

(économiste français ; né en 1954)

269

L'homme a modifié la face du globe au poin de détruire l'harmonie du cadre dans lequel il était appelé à vivre.

Jean Dorst

(ornithologue et écrivain français ; 1924-2001)

270

Notre salut dépend de notre aptitude à créer une religion de la nature, et un succédané de la magie qui réponde aux besoins et au savoir de l'homme moderne.

René Dubos

(agronome et biologiste français ; 1901-1982)

271

Notre monde est déjà sur son déclin ; la terre épuisée n'enfante plus qu'avec peine de chétifs animaux, elle dont le sein fécond créa jadis toutes les espèces vivantes.

Lucrèce

(poète latin ; 98-55 av. J.-C.)

272

Même si votre geste vous paraît minuscule, dérisoire, faites-le !

Théodore Monod

(naturaliste et explorateur français ; 1902-2000)

273

Entre le pessimisme désespéré et l'optimisme satisfait, la seule attitude raisonnable est le volontarisme.

Albert Jacquard

(généticien et essayiste français ; né en 1925)

274

La vérité crue sur la politique du changement climatique est qu'aucun pays ne voudra sacrifier son économie pour relever ce défi.

Tony Blair

(homme d'État britannique ; né en 1953)

275

La nature dit toujours quelque chose.

Nicolas Hulot

(écologiste, reporter et auteur français ; né en 1955)

276

Je me suis réfugié sous un hêtre : ses dernières feuilles tombaient comme mes années ; sa cime se dépouillait comme ma tête ; il était marqué au tronc d'un cercle rouge pour être abattu comme moi.

François René de Chateaubriand
(écrivain français ; 1768-1848)

277

La terre a une peau et cette peau a des maladies ; une de ces maladies s'appelle l'homme.

Friedrich Nietzsche

(philosophe allemand ; 1844-1900)

278

À la limite, le seul écologiste irréprochable est celui qui met tout en œuvre pour mourir sans laisser la moindre trace de son passage sur terre.

Didier Norton

(mathématicien et enseignant français ; né en 1946)

279

Vient un temps où le risque de rester à l'étroit dans un bourgeon est plus douloureux que le risque d'éclore.

Anaïs Nin

(femme de lettres américaine ; 1903-1977)

280

**Qu'est ce qu'une fleur ?
Un sexe géant qui s'est mis
sur son trente et un.**

Amélie Nothomb

(écrivain belge ; née en 1967)

281

L'homme n'a pas le droit de détruire une espèce de plante ou d'animal sous prétexte qu'elle ne sert à rien. Nous n'avons pas le droit d'exterminer ce que nous n'avons pas créé.

Jean Dorst

(ornithologue et écrivain français : 1924-2001)

282

La nature doit revenir en ville. C'est incontournable pour réoxygéner la vie urbaine, redonner des projets de vie aux citadins, mais aussi pour générer un meilleur approvisionnement durable et équitable.

Jean-Pierre Gautry

(urbaniste français ; né en 1945)

283

Le poète fait comme la nature : il donne la vie à ce qui n'a pas vécu.

Pierre Louÿs

(poète et romancier français ; 1870-1925)

284

Nous avons des outils formidables pour endiguer la famine et sauver la Terre. Ce qui nous manque, c'est une volonté commune.

Nicolas Hulot

(écologiste, reporter et auteur français ; né en 1955)

285

La terre est la seule partie de la nature envers laquelle nous sommes ingrats. Pour quels plaisirs et pour quels outrages ne sert-elle pas à l'homme ?

Pline l'Ancien

(naturaliste et écrivain latin ; 23-79 av. J.-C.)

286

Ne doutez jamais qu'un petit groupe d'individus conscients et engagés puisse changer le monde. C'est même de cette façon que cela s'est toujours produit.

Margaret Mead (anthropologue américaine ; 1901-1978)

287

L'architecte d'aujourd'hui n'a pas de fleur à sa bétonnière.

Jacques Prévert
(poète et scénariste français ;
1900-1977)

288

Aussi longtemps que les lions n'auront pas leurs historiens, les récits de chasse tourneront toujours à la gloire des chasseurs.

Proverbe africain

289

L'odeur est l'intelligence des fleurs.

Henry de Montherlant
(écrivain français ; 1895-1972)

290

L'écologie ne saurait servir
de fond, au sens culinaire
du terme, de bouillon destiné
à mouiller les ragoûts
qui n'agrémentent qu'un volet
de notre vie de chaque jour.

Roger Molinier
(naturaliste et botaniste français ; 1927-1991)

291

Il est navrant de songer qu'après avoir survécu aux invasions barbares, à l'Inquisition, à la peste noire, l'humanité finira par succomber pour avoir pulvérisé à l'aide de bombes aérosols ces chlorofluorocarbures fatals à la couche d'ozone.

Antoine de Caunes

(acteur et réalisateur français ; né en 1953)

292

Une fleur tombée
À sa branche je la vois revenir
C'est un papillon !

Moritake Arakida
(poète japonais ;
1472-1549)

293

**Le tigre compte sur la forêt,
la forêt compte sur le tigre.**

Proverbe cambodgien

294

Allez souvent vous recueillir dans la nature ! Lors vous serez en état de comprendre les œuvres des hommes.

Charles-Ferdinand Ramuz

(écrivain suisse ; 1878-1947)

295

Il y a plus de noblesse dans un chou fraîchement cueilli que dans un homard surgelé.

Guy Savoy

(chef cuisinier français ; né en 1953)

296

La terre seule me rassure, quelle que soit la part de boue qu'elle contient.

Françoise Sagan

(femme de lettres française ; 1935-2004)

297

À Noël je n'ai pas plus envie de rose que je ne voudrais de neige au printemps. J'aime chaque saison pour ce qu'elle apporte.

William Shakespeare

(dramaturge et poète britannique ; 1564-1616)

298

Ce n'est point un hasard si les grands siècles de l'art de vivre sont aussi les grands siècles des jardins, comme si les perfections matérielles ou spirituelles d'une civilisation ne pouvaient s'épanouir qu'en jardins.

Pierre Grimal

(historien et latiniste français ; 1912-1996)

299

La Terre est bleue comme une orange.

Paul Eluard

(poète français ; 1895-1952)

300

Le seul continent habitable d'ici la fin du siècle sera l'Antarctique si le changement climatique n'est pas maîtrisé.

Sir David King

(écologiste et homme politique britannique ; né en 1939)

301

La forêt est un état d'âme.

Gaston Bachelard

(philosophe français ; 1884-1962)

302

La forêt, c'est encore un peu de paradis perdu. Dieu n'a pas voulu que le premier jardin soit effacé par le premier péché.

Marcel Aymé

(écrivain français ; 1902-1967)

303

Cette confiance en notre technicité nous pousse à détruire volontairement tout ce qui est encore sauvage dans le monde, et à convertir tous les hommes au même culte de la mécanique.

Jean Dorst

(ornithologue et écrivain français ; 1924-2001)

304

Légèreté de l'oiseau qui n'a pas besoin pour chanter de posséder la forêt, pas même un seul arbre.

Christian Bobin

(écrivain français ; né en 1951)

305

Les rapports avec la terre basés exclusivement sur l'utilisation de celle-ci en vue de la croissance économique ne peuvent que mener à sa dégradation, en même temps qu'à la dépréciation de la vie humaine.

René Dubos

(agronome et biologiste français ; 1901-1982)

306

La nature est un professeur universel et sûr pour celui qui l'observe.

Carlo Goldoni

(dramaturge italien ; 1707-1793)

307

Une société écologique, c'est une société qui trouve le point d'équilibre entre la société matérialiste absolue dans laquelle nous sommes et une société qui voudrait tomber dans une spiritualité béate qui ne serait pas plus intéressante.

Nicolas Hulot

(écologiste, reporter et auteur français ; né en 1955)

308

Ces moteurs qui ont fait de l'homme un crétin à roulettes et de la planète un garage criblé d'autoroutes !

Jacques Sternberg

(journaliste et réalisateur belge ; né en 1923)

309

Vue du dehors, la forêt amazonienne semble un amas de bulles figées, un entassement vertical de boursouflures vertes ; on dirait qu'un trouble pathologique a uniformément affligé le paysage fluvial.

Claude Lévi-Strauss

(anthropologue et philosophe français ; né en 1908)

310

Le comportement borné des hommes en face de la nature conditionne leur comportement borné entre eux.

Karl Marx

(économiste et homme politique allemand ; 1818-1883)

311

Le jardin est une méditation à ciel ouvert, un secret révélé à qui le mérite.

Ghislaine Schoeller

(écrivain français ; née en 1945)

312

La vraie nouveauté naît toujours dans le retour aux sources.

Edgar Morin

(sociologue et philosophe français ; né en 1921)

313

Je me sens responsable
de ma communauté,
la communauté humaine,
pour la petite part que
j'y occupe ; et aussi
de l'ensemble de la Création.
Et tout cela est relié
par le dedans, l'intérieur,
l'intériorité.

Jean-Marie Pelt
(biologiste français ; né en 1933)

314

Un seul oiseau en cage
la liberté est en deuil.

Jacques Prévert
(poète et scénariste français ;
1900-1977)

315

Toutes les forêts du monde n'auraient pu fournir le papier nécessaire à l'encyclopédie de l'ignorance.

Ernest Ouellet

(auteur canadien ; 1895-1924)

316

Sois comme la fleur, épanouis-toi librement et laisse les abeilles dévaliser ton cœur.

Râmakrishna

(religieux bengali ; 1836-1886)

317

Il nous faut prendre un virage, et il ne peut être pris en douceur. C'est un virage serré à négocier avec la société tout entière, impliquée comme elle sait l'être lors d'une entrée en guerre. Les conditions de vie de la planète sont dorénavant des conditions de survie.

Hubert Reeves

(astrophysicien canadien ; né en 1932)

318

L'homme a perdu la capacité de prévoir et d'anticiper. Il finira par détruire la Terre.

Albert Schweitzer

(philosophe et médecin français ; 1875-1965)

319

L'éternité, c'est la mer mêlée au soleil.

Arthur Rimbaud

(poète français ; 1854-1891)

320

La nature a mis l'homme sur la Terre avec des pouvoirs limités et des désirs sans bornes.

Antoine de Rivarol

(écrivain français ; 1753-1801)

321

La nature est
éternellement jeune,
belle et généreuse.
Elle possède le secret du bonheur,
et nul n'a su le lui ravir.

George Sand

(femme de lettres française ; 1804-1876)

322

Il y a plus de choses dans le ciel et sur la terre que dans les rêves de la philosophie.

William Shakespeare

(dramaturge et poète britannique ; 1564-1616)

323

Nous sommes les fruits d'une sécheresse, nés d'une transformation de l'environnement.

Antoine Spire

(journaliste français ; né en 1946)

324

Quand les feuilles tremblent,
ce n'est pas l'affaire des racines.

Wole Soyinka

(écrivain nigérian ; né en 1934)

325

N'oublions pas que ce n'est pas le nombre et la longueur de ses branches, mais la profondeur et la santé de ses racines qui font la vigueur d'un arbre.

Gustave Thibon

(philosophe français ; 1903-2001)

326

Plus vous voulez
vous élever, plus il faut
avoir les pieds sur terre.
Chaque arbre vous le dit.

Michel Tournier

(écrivain français ; né en 1924)

327

Il n'y a pas d'endroit où l'on peut respirer plus librement que sur le pont d'un navire.

Elsa Triolet

(femme de lettres française ; 1896-1970)

328

**L'arbre qui naît tordu
ne redresse jamais son tronc.**

Zoé Valdès

(romancière cubaine ; née en 1959)

329

Il est grand temps de rallumer les étoiles.

Guillaume Apollinaire

(poète français ; 1880-1918)

330

On ne sauvera pas la planète en se contentant de fermer le robinet après s'être brossé les dents.

Dominique Voynet

(femme politique française ; née en 1958)

331

Un rayon de soleil vaut tous les livres du monde.

Christian Bobin
(écrivain français ;
né en 1951)

332

Lire un livre sous un arbre en double le plaisir. On nc sait plus si on tourne les pages ou si on feuillette l'arbre.

Jean Chalon

(écrivain et chroniqueur français ; né en 1935)

333

Si nous prenons la nature pour guide, nous ne nous égarerons jamais.

Cicéron

(homme d'État et auteur latin ; 106-43 av. J.-C.)

334

Même pour le simple envol d'un papillon, tout le ciel est nécessaire.

Paul Claudel

(écrivain français ; 1868-1955)

335

Chasse la nature à coups de fourche, elle reviendra toujours au pas de course.

Horace

(poète latin ; 65-8 av. J.-C.)

336

Si tu révèles ton secret au vent, tu ne dois pas lui reprocher de le révéler à l'arbre.

Khalil Gibran

(poète libanais ; 1883-1931)

337

L'écologie est une rébellion de l'esprit critique contre toute forme de pouvoir abusif.

Noël Mamère

(écologiste et homme politique français né en 1947)

338

L'homme a établi sa domination sur son environnement naturel en faisant naître un environnement artificiel ; et ce monstre se révèle être un maître bien plus intraitable et plus impitoyable que cet environnement naturel que les ouvrages de l'homme ont surmonté ou étouffé et risquent même d'anéantir.

Arnold Toynbee

(historien britannique ; 1889-1975)

339

Il faut être léger comme l'oiseau et non comme la plume.

Paul Valéry

(écrivain et poète français ; 1871-1945)

340

Les papillons ne sont que des fleurs envolées un jour de fête où la nature était pleine d'invention et de fécondité.

George Sand

(femme de lettres française ; 1804-1876)

341

Cultivez votre amour de la nature, car c'est la seule façon de mieux comprendre l'art.

Vincent Van Gogh

(peintre néerlandais ; 1853-1890)

342

**Tout le monde veut sauver la planète,
nais personne ne veut descendre
es poubelles.**

ean Yanne

acteur, réalisateur

t auteur français ; 1933-2003)

343

Un laborieux castor destructif, voilà ce que l'homme est à mes yeux.

Jacques Sternberg

(journaliste et réalisateur belge ; né en 1923)

344

Même si nous arrêtons maintenant d'émettre des gaz à effet de serre, la Terre va encore se réchauffer pendant 50 ans et rendra tout inconfortable. Si nous ne faisons rien, c'est trop affreux à imaginer.

James Lovelock

(scientifique et environnementaliste britannique ; né en 1919)

345

Si on n'annonce pas de désastre, personne n'écoutera.

Sir John Houghton

(scientifique britannique, spécialiste du climat ; né en 1931)

346

Il y aura des signes dans le Soleil,
dans la Lune et dans les étoiles.
Et, sur la Terre, il y aura de l'angoisse
chez les nations qui ne sauront
que faire, au bruit de la mer
et des flots, les hommes rendant l'âme
de terreur dans l'attente de ce
qui surviendra pour la Terre ;
car les puissances des cieux
seront ébranlées.

Saint Matthieu
(apôtre et évangéliste)

347

Désormais, la solidarité la plus nécessaire est celle des habitants de la Terre.

Albert Jacquard

(généticien et essayiste français ; né en 1925)

348

Il est d'étranges soirs où les fleurs ont une âme.

Albert Samain
(poète français ; 1858-1900)

349

Nous vivons trop dans les livres et pas assez dans la nature.

Anatole France

(écrivain français ; 1844-1924)

350

L'oiseau construirait-il son nid s'il n'avait son instinct de confiance au monde ?

Gaston Bachelard
(philosophe français ; 1884-1962)

351

La technologie et la science moderne n'ont pas réussi à modérer la conduite des habitants de la planète.

Francisco Coloane

(romancier chilien : 1910-2002)

352

**La rose est un jardin
où se cachent des arbres.**

Jalal al-Din Rumi

(poète persan ; 1207-1273)

353

Avant la fin du XXIe siècle, des milliards de terriens vont mourir et les quelques couples de géniteurs qui survivront seront en Arctique où le climat reste tolérable.

James Lovelock
(scientifique et environnementaliste britannique ; né en 1919)

354

Le jardin de ce monde ne fleurit que pour un temps.

Gandhi

(homme politique et guide spirituel indien ; 1869-1948)

355

J'aime fort les jardins qui sentent le sauvage,
J'aime le flot de l'eau qui gazouille au rivage.

Pierre de Ronsard

(poète français ; 1524-1585)

356

Pour l'amour d'une rose, le jardinier devient l'esclave de mille épines.

Proverbe turc

357

La terre ne rend jamais sans intérêt ce qu'elle a reçu.

Cicéron

(homme d'État et auteur latin ; 106-43 av. J.-C.)

358

Il en va d'une œuvre comme d'un arbre ; plus les racines s'enfoncent dans la nuit dense de la terre, plus grand est le morceau de ciel que la ramure peut embrasser.

Michel Tournier

(écrivain français ; né en 1924)

359

Il n'y a pas de fait contre-nature ; la nature n'est jamais contre elle-même.

Paul Toupin

(dramaturge et essayiste québécois ; 1918-1993)

360

Je ne m'occupe
qu'à planter des arbres
dont je ne verrai
pas l'ombrage.
J'ai trouvé que c'était
le plus sûr moyen
de travailler pour
la postérité.

Voltaire
(homme de lettres français :
1694-1778)

361

Aujourd'hui j'ai acheté du pain pour vivre et cueilli des fleurs pour avoir une raison de vivre.

Confucius
(philosophe chinois ;
551-479 av. J.-C.)

362

Ce que je préférerais, c'est d'aimer la Terre comme l'aime la Lune et de n'effleurer sa beauté que des yeux.

Friedrich Nietzsche

(philosophe allemand ; 1844-1900)

363

En croyant à des fleurs, souvent on les fait naître.

Edmond Rostand

(auteur dramatique français ; 1868-1918)

364

Nous n'héritons pas de la Terre de nos parents, nous l'empruntons à nos enfants.

Leopold Sédar Senghor

(écrivain et homme politique sénégalais ; 1906-2001)

365

Si la vie n'est qu'un passage, sur ce passage au moins semons des fleurs.

Montaigne

(philosophe français : 1533-1592)

Index des auteurs cités

notes

notes

notes

notes

notes

notes

notes

L'éditeur remercie particulièrement
Agathe Dejoie et Julien Lapalus pour leur aide précieuse.

Responsable éditoriale : Nathalie Bailleux
Suivi d'édition : Émilie Guerrier
Directrice artistique : Sabine Houplain
Conception graphique et réalisation : Caroline Rimbault
Lecture-correction : Catherine Lucchesi
Fabrication : Amandine Sevestre

Photogravure : APS Chromostyle
Achevé d'imprimer à Singapour
Dépôt légal : avril 2009
ISBN : 978-2-81230-026-4
34/2188/0 - 01